QUE FAIRE?

REFAIRE LA LOI ÉLECTORALE.

IMPRIMERIE DE MARCHAND DU BREUIL,
rue de La Harpe, n. 90.

QUE FAIRE?

REFAIRE LA LOI ÉLECTORALE.

Par M. TEISSÈDRE,

Professeur titulaire de rhétorique, au collége Charlemagne.

Hoc opus, hic labor est.
Virg. Æn. Lib. VI.

OCTOBRE 1832.

PARIS,

CHEZ LES MARCHANDS DE NOUVEAUTÉS.

1832.

PRÉFACE.

La question du jour, la pacification des partis, embarrasse un peu nos plus fortes têtes. Il y a de cela deux raisons probables : d'abord la multitude infinie d'idées, où nos penseurs se perdent, en sorte que les meilleures, celles qui vont à la difficulté, leur échappent : ensuite l'esprit de parti, qui fait qu'on n'a d'esprit que pour soi et pour les siens. Hors de ce qui peut servir la coterie, on ne sait ni inventer, ni juger. Parce qu'on n'est pas désintéressé, on devient moins clairvoyant pour le bien public.

Après tout, eût-on découvert la vérité particulière, propre à finir le procès qui dure depuis quarante ans, qui sait si on voudrait la dire ? Pour certains politiques, le secret de l'état ne serait-il pas ici le silence ?

Nous vivons au milieu de la controverse la plus échauffée, et la question débattue s'embrouille, au lieu de s'éclaircir ; comme si les argumens, employés à la résoudre, étaient de mauvais aloi, et les docteurs de mauvaise foi. Il semble en effet que plusieurs publicistes auraient peur de manquer d'habileté, s'ils avançaient trop la solution cherchée. Quelques-uns, plutôt que d'énoncer, même par forme de conjecture, ce qui peut tendre à dénouer le nœud gordien, attendent tranquillement, on le dirait du moins, que le fer de la guerre civile l'ait tranché.

L'auteur des réflexions suivantes n'a pas cette faiblesse à se reprocher. Comme il est impartial, il n'a rien dissimulé ; d'ailleurs son impartialité, dont cet opuscule rend témoignage, a dû l'aider beaucoup à découvrir une combinaison favorable à tous les partis, et même au sien. Enfin, supposé

qu'une pareille vue se trouvât parmi le très-
petit nombre de celles dont il se préoccupe
habituellement, il est presque impossible
qu'il ne l'ait pas discernée.

QUE FAIRE ?

———

Au milieu des spasmes violens, accompagnés de vertiges, auxquels la société française est en proie, *que faire?* il y a sur le choléra politique, aussi bien que sur l'autre, autant d'avis que de médecins. A quoi s'arrêter, pour en finir avec nos discordes meurtrières, qu'irritent encore et l'exaltation, et l'aberration des opinions? Parmi les systèmes proposés, en est-il un seul préférable aux autres?

Le ministère, il est vrai, ne s'est pas mal trouvé de continuer celui de feu M. le président du conseil. A Paris et ailleurs, il a vaincu les rébellions armées avec les principes du 13 mars. Malheureusement je crains qu'il n'ait à remporter bien d'autres victoires. Je dirai que j'en suis presque sûr, s'il n'essaie pas de vaincre les vaincus jusque dans le cœur, de les ramener par des maximes de gouvernement plus larges que celles de M. Casimir Périer, plus généreuses, plus françaises : s'il ne s'attache les vainqueurs même, ou une partie d'entre eux, en soutenant désormais leur cause et la sienne (je ne parle que pour l'intérieur), avec le genre de grandeur qui les flatte, par des moyens où la nationalité de juillet soit mieux empreinte.

Que faire pour terminer la révolution de 1830, pour affermir le trône de Louis-Philippe sur la base éternelle de la paix publique, pour empêcher la guerre civile, et que les carlistes et les républicains ne mettent de nouveau le *juste milieu* en état de siége? car c'est la dure nécessité que ce parti a subie à Paris et dans la Vendée, avant d'y réduire ses adversaires. Mais l'opposition elle-même, si elle se fût trouvée au pouvoir, aurait passé aussi par les barricades et les fusillades, comme cela faillit lui arriver en 1831. En effet, dans l'état actuel des esprits et des affaires, l'opposition, marchant sous le drapeau tricolore, rencontrera toujours en face le drapeau blanc et le drapeau rouge. Il n'y a pas de *compte-rendu* qui tienne. Ces relations hostiles ne peuvent cesser qu'en vertu d'une réforme plus décisive.

Que faire? car c'est là mon texte, parmi des furieux que la révolution de juillet a soulevés, et que les hommes de juillet, unis ou séparés, ne semblent pas capables de dompter, s'ils ne font à leurs ennemis des concessions capitales? Que les sections Périer et Lafitte, prises séparément, soient hors d'état de pacifier le pays, c'est de quoi elles se doutent déjà. La seule hypothèse favorable à un ministère de juillet serait que les deux sections, adoptant *la résistance* ou *le mouvement*, ou, s'il leur plaisait, une fusion des deux thèmes, ne formassent plus qu'une seule puissance indivisible. Et alors même, si leur politique ne se plie à certaines exigences impérieuses, communes aux deux factions ennemies de l'ordre établi ; si le gouvernement de juillet, tout personnel, pèse comme un destin rigide sur la tête des dissidens, la domination de juillet, semblable à celle du directoire, ne sera que celle de la force, et bientôt des coups d'état; la liberté, une longue tempête ; la prospérité, la félicité des citoyens, une vaine utopie. Dès lors adieu les promesses tant célébrées de 1830 et de 1789.

Que faire, pour accomplir les hautes destinées de la révolution française, *pour la placer sous un meilleur génie* [1], sous celui de la concorde ? Que reste-t-il à faire, lorsque depuis quarante ans on a essayé de tout, sans que les hommes ni les choses aient amené la pacification intérieure ? La guerre des partis, tantôt cachée, tantôt manifeste, n'a cessé de nous désoler, malgré les ministres, les princes, les lois, les chartes, les dynasties qui se sont succédé. Anomalie exorbitante, que l'on semble dissimuler, de peur de l'expliquer. L'hydre des factions n'a cédé parmi nous qu'à l'Hercule venu de la Corse, et à cet Ulysse envoyé clandestinement par la Gascogne, à ces deux hommes

[1] Expression de Montesquieu.

d'état, qu'il ne s'agit pas de recommencer même en petit, en tant du moins qu'ils furent les fléaux de nos libertés, et, qui pis est, de nos vertus publiques. Mais, s'il m'en souvient, avant eux nous avions guerroyé : eux passés, l'un avec son empire despotique, l'autre avec son règne jésuitique, nous avons guerroyé de nouveau, sous le nom de royalistes purs, de royalistes constitutionnels, de républicains, etc., etc. Donc la guerre des partis, et non pas l'opposition seulement, étant née avec la révolution, s'étant incorporée avec la révolution, ayant, pour ainsi dire, gangrené notre établissement politique, comment l'en arracher, sans extirper la révolution même ? ces partis si vivaces, comment les tuer ? impossible sous un gouvernement constitutionnel. Comment alors les faire vivre entr'eux, et avec l'ordre établi ? en d'autres termes, où est la cause universelle, perpétuelle, qui a rendu ces partis ennemis du pouvoir, ennemis les uns des autres ? où le moyen, s'il existe, de supprimer l'effet en détruisant la cause ? question bien naturelle, et que pourtant l'on n'a jamais posée, ou dont je ne sache pas du moins que nos publicistes aient indiqué la vraie solution, hors un[1].

[1] M. Flaugergues, maître des requêtes au conseil d'état, ancien membre de la chambre des députés. Ce publiciste éclairé présenta un projet de députations spéciales à Louis XVIII, qui le loua beaucoup sans l'adopter : c'était en 1814.

La cause permanente des conspirations, des séditions, des révolutions, est toute constitutionnelle; car nos auteurs et réformateurs de constitutions y ont enfermé d'abord, ou introduit après coup, la cause perturbatrice de l'ordre constitutionnel. J'ajoute qu'ils étaient eux-mêmes cette cause par leur préjugé ou par leur égoïsme politique.

Ils veulent être libres, et ils ne savent pas être justes! c'est-à-dire ils n'entendent la justice que pour eux, la liberté que pour eux. En établissant la charte, en la faussant, en la violant, les divers partis veulent tous une même chose, c'est que la liberté de l'un se change en tyrannie pour les autres, de droit ou de fait, peu leur importe. Ainsi au nom d'un principe constitutionnel, ou prétendu constitutionnel, ils oppriment, et ils forcent les opprimés à devenir oppresseurs à leur tour. Voilà depuis quinze ans ; eh! non, je l'ai dit plus haut, voilà depuis tantôt un demi-siècle, notre histoire véritable. Voilà, au moment que j'écris, notre Minerve politique. Est-ce erreur? est-ce passion? je l'ignore. Voilà le mal et la source du mal, qui nous indique heureusement le remède à nos dissensions révolutionnaires : j'entends la *justice politique*, d'où procéderait la liberté de tous, la tyrannie de personne.

Que les législateurs de 89 n'ont-ils été assez

sages ou assez heureux pour l'entendre! En faisant de la justice et de la liberté pour tout le monde, en mettant tous les intérêts sous la garde de la constitution, ils unissaient par un traité de paix les partis qui ne sont que des intérêts personnifiés. C'était constituer une confédération de peuples toujours rivaux, si l'on veut, mais qui désormais ne seraient plus ennemis, qui se combattraient, mais en respectant l'ordre légal, devenu leur garantie commune.

Ils ne savent pas être justes! l'abbé Sieyès, dans son allocution sentimentale, prêchait, je crois, en faveur des biens du clergé uniquement. C'était pour sa chère fille, la constitution de 91, qu'il eût dû exhorter ses collègues et lui-même à être justes. S'ils ne la mettaient au monde que pour violer les droits des Français, les partis maltraités, ceux qu'on aurait condamnés à l'ilotisme politique, la feraient périr au berceau : l'abbé Sieyès devait le prévoir. Les mécontens se rendraient, par la destruction de cette œuvre d'iniquité, la justice qu'on leur aurait refusée, et la rendraient à ses auteurs par une guerre d'extermination. Ce qu'ils firent.

Les réviseurs constituans, le *juste milieu* de l'époque, (pourquoi celui d'aujourd'hui, au hasard de nous attirer de semblables calamités, voudrait-il perpétuer la faute de son prédécesseur, en se refusant à une sage amélioration, à un progrès raisonnable des libertés publiques dans tous les sens?) les réviseurs constituans, trop pleins de leur excellence, peut-être aussi de leur jalousie bourgeoise , stipulèrent tout pour eux, et rien pour cette aristocratie jusque là si prépondérante, et rien pour cette démocratie jusque là si nulle, mais dont les événemens avaient fait une grande puissance.

Cependant prétendre constituer la nation , et ne pas constituer toutes les tribus nationales, c'était plus que se contredire.

A quoi bon alors une solennelle déclaration des droits, où l'on n'avait oublié que le plus précieux de tous, celui que rien ne pouvait suppléer?

Quand je remonte à 1789, je ramène à son origine la question de 1832; car elle n'a pas changé dans l'intervalle. Je la mets dans son jour, et d'autant plus que je la dégage des passions de notre temps, qui l'offusqueraient probablement.

Le plus essentiel des droits de l'homme en société est celui d'agir comme membre du souverain, qui n'est autre que la société dont il fait partie. L'évangile politique du temps, *le Contrat social*, le disait.

La déclaration devait consacrer ce droit : et non seulement pour les individus, comme cela eût suffi chez une agrégation de sauvages, mais encore pour les diverses classes de citoyens, où consistent les vrais élémens de l'ordre politique chez les nations civilisées. Le *Contrat social* (liv. 1 , chap. VI) permettait ces distinctions : c'était là le premier point de *la justice politique*.

La déclaration devait ensuite proportionner le droit des membres du souverain , c'est-à-dire la part de souveraineté des diverses classes à leur importance sociale. C'était là le second point de la *justice politique*. Je n'imagine pas qu'il ait besoin de preuves.

Tout cela revenait à distribuer théoriquement la nation par classes ou tribus, avec l'application des centuries romaines , que l'on aurait rendues néanmoins aussi plébéiennes qu'il convenait à la France de 89. Mais attendu que la démocratie réelle ne peut se réduire à l'acte chez un grand peuple, où il est impossible d'assembler le souverain, il restait que la constitution organisât la démocratie fictive, en transportant dans la chambre des députés les classifications équitables du *forum*. Décréter pour la vieille France la monarchie républicaine de Servius Tullius, sans répudier le *contrat social* de Jean-Jacques, était digne du libéralisme de la constituante. Elle n'en fit rien ; elle n'imita ni les sages tempéramens d'un roi populaire, ni la rigide équité d'un écrivain démocrate. Elle compromit la paix publique et la liberté même, pour avoir blessé la *justice politique*, à laquelle le Romain avait rapporté ses institutions, le Genevois ses théories.

A considérer les révolutions par le côté moral et philosophique, toute révolution, si on sait la dominer, peut devenir un grand bienfait pour tout le peuple. Sous les auspices d'un vrai législateur, devenu le père de la patrie, dont la tendresse et le coup-d'œil embrassent la société entière, une révolution mettra tous les citoyens dans une situation respectable, ceux du milieu, ceux d'en bas, ceux d'en haut, comme étant les membres de la même famille. Après avoir aboli d'anciennes misères, elle évitera d'en conserver d'aussi affligeantes, d'en créer de pires. La révolution de 89 pouvait renouveler ainsi notre monde français, y former de nouveaux cieux et une nouvelle terre, pour de plus heureux habitans, sans exception, sans exception aucune. La révolution le pouvait, elle le devait donc ; mais, dérogeant à sa mission philanthropique, elle méconnut ou elle négligea ces belles convenances, qui étaient aussi des droits sacrés,

Et voilà la guerre allumée !

oui, la guerre plus que civile, puisqu'on y appela l'étranger, qu'on y mêla la religion : la guerre inextinguible, qui a passé des pères aux enfans. Dieu

veuillé qu'elle ne se perpétue pas jusqu'à nos der-
niers neveux,

Pugnent ipsique nepotes !

Mais pour ne pas m'écarter de l'objet qui m'oc-
cupe, la guerre constitutionnelle entre la portion
du peuple Français qui s'était intronisée dans la
constitution, comme dans la forteresse du pouvoir, et les deux autres portions, l'une restée en
dehors, sans existence honorable, l'autre en de-
dans, sans existence assurée : toutes les deux
réduites à l'ilotisme politique; l'une de droit,
celle des petits plébéiens, qui ne pouvait prétendre à la représentation nationale; l'autre de
fait, celle des patriciens, qui, ne pouvant y par-
venir que sous le bon plaisir des deux portions
rivales, et plus influentes qu'elle, en demeurait
exclue pour jamais.

En Angleterre, l'aristocratie et le peuple se
tolèrent, se rapprochent, nous savons pourquoi.
En France, c'est le feu et l'eau. Aussi certaines lois
politiques, équitables pour une nation assez ho-
mogène comme les Anglais, deviennent iniques,
oppressives chez les Français. M. Mounier, ce
généreux défenseur de tous les droits, avait bien
aperçu la différence caractéristique de nous et
de nos voisins [1]. Toutefois il posa le principe, sans

[1] Nouvelles observations sur les états-généraux de France.

tirer la conséquence. On peut douter que Mirabeau, ce tribun superbe, eût voulu la tirer, quand même......

On dira : pour établir aujourd'hui la justice politique ou représentative entre toutes les tribus françaises, faut-il recourir à une nouvelle assemblée constituante, nommée par de nouvelles assemblées primaires? je réponds : oui, si l'on veut un nouveau bouleversement général. On dira encore : faut-il instituer des classes de patriciens et de plébéiens, afin de rendre à chacun ce qui lui appartient? des classes d'anciens et de nouveaux nobles? des classes de fonctions et de professions, comme pour la chambre des pairs? je réponds : non pas, mais des classes pécuniaires, des classes de citoyens imposés et non imposés, des classes selon l'esprit et le langage du jour. A dire vrai, puisque nous avons des catégories françaises toutes faites, des catégories d'argent, eh! bien, qu'on s'en serve. Puisque d'ailleurs il suffit d'une loi électorale, pour fixer leurs droits politiques, qu'on se hâte de prendre une mesure aussi importante, d'où dépend la pacification du pays; une mesure simple et féconde, qui change tout, sans presque toucher à rien. Que le roi et les deux chambres adoptent cette *loi de vérité*, comme l'eût appelée le général Foy, cette *loi de justice*, comme je l'appelle, d'où sortira enfin une représentation française, une assemblée vraiment nationale, l'expression de tous les partis, la garantie de tous les partis : et la paix constitutionnelle est consommée.

L'élection et la représentation par tribus séparées, pourraient se combiner comme il suit. On ferait de la propriété trois fractions, formant trois corps électoraux, dont chacun nommerait une députation spéciale, tirée de son sein. La classe des non-propriétaires formerait aussi un corps électoral, qui nommerait sa députation spéciale, tirée de son sein, mais restreinte à des capacités déterminées, telles que les médecins, avocats, écrivains, docteurs, licenciés ès-lettres et sciences. Rien n'empêche que chaque corps électoral procède par deux ou trois degrés d'élections, dont le premier serait une assemblée primaire. La chambre représentative, ainsi formée, pourrait se composer de quarante députés pour la non-propriété ; de cent députés pour la petite propriété ; de deux cents députés pour la moyenne ; de cent députés pour la grande.

Il semble aussi que 2,000 fr. et 50 fr. d'impositions pourraient servir de limites à l'ordre moyen de la propriété. Les impositions au-dessous de 50 fr. détermineraient l'ordre de la petite propriété ; celles au-dessus de 2,000 fr., l'ordre de la grande propriété. Au reste, cette distribution approximative, doit se modifier d'après l'état de la population, par rapport à la propriété. Là est la partie délicate du système.

On le voit, nous répudions, nous abrogeons la représentation privilégiée d'une seule tribu, quelle qu'elle soit. Afin de retrancher du milieu de nous l'oligarchie parlementaire, nous la coupons dans sa racine : nous supprimons l'oligarchie électorale de 1814, que 1830 n'a pas beaucoup réformée, puisque l'interdiction du droit de suffrage s'étend encore aux neuf dixièmes du peuple citoyen, et je ne dis pas assez.

Nous le déclarons, c'est le *suffrage universel*, que nous établissons par notre loi, par notre Charte électorale ; mais le vrai *suffrage universel*, celui dont la presse carliste et républicaine n'ont jamais parlé, quoique ces feuilles réclament à cor et à cri des élections plus populaires. Il leur faut les assemblées primaires générales, le pêle-mêle des électeurs de toutes les classes, une sorte d'anarchie électorale, où dominent les cabales, pour de là élever à la domination représentative, et par contre-coup, jeter dans l'oppression, tantôt ce parti-ci, tantôt celui-là : pour réduire les libéraux à six voix, comme il arriva en 1824 : pour ne laisser aux carlistes qu'une seule voix, celle de M. Berryer, comme il arrive aujourd'hui.

Cependant, l'ambition des partis, car le moyen

de n'y voir qu'une simple erreur ! ne s'effraie pas de ces alternatives effrayantes dans la représentation nationale. On aime, on provoque ce jeu cruel, sans doute parce qu'on se flatte de conserver pour soi la majorité, si on l'obtient une première fois ; de la renforcer d'année en année, par une habile direction des élections futures, de manière à abattre tout-à-fait l'opposition, en la mettant en coupe réglée. En attendant, vienne l'oligarchie parlementaire des jacobins, ou celle des vendéens, on sera content : on rendra grâces de son triomphe à la démocratie indistincte et illimitée des suffrages. Nous, au contraire, après avoir établi le vote universel dans la région inférieure, selon le vœu d'une politique égoïste, nous le transportons au sommet de l'état, malgré le vœu de cette politique égoïste. Elle voudrait pour elle seule le privilége de la députation : elle bornerait les tribus rivales à l'élection et à l'éligibilité, comme ci-devant. Nous, nous rendons tous les priviléges communs à tous. Nous voulons néanmoins, afin d'accomplir toute justice, qu'ils soient les mêmes, et qu'ils soient différens. Nous varions le nombre des suffrages parlementaires, suivant l'espèce des tribus.

Les deux classes de publicistes, dont nous repoussons la politique, ne pouvaient pas inventer les députations spéciales et proportionnelles :

d'autres les avaient inventées pour eux. Mais ils auraient pu en parler, comme d'un mode électoral, connu, pratiqué en Europe, sauf à le critiquer, si bon leur semblait.

Il y a bien long-temps que les paysans de Suède exercent la puissance législative. Même en France, un bailliage de 89 avait proposé d'admettre aussi les paysans aux états généraux, comme le quatrième ordre. Nous aurions eu par ce moyen, *et en maintenant le vote par tête*, une quadruple représentation, bonne pour le temps. Bientôt il nous fût venu des provinces, une France en raccourci, amie du roi et de la nouvelle constitution, au lieu de la grande coterie, connue sous le nom de *législative*. Celle-ci ne fit pas honneur au système électoral, qui l'avait produite. Elle commença sa carrière comme une faction : elle la finit de même.

De nos jours, c'est aussi avec des députations spéciales et proportionnelles que l'on a constitué les chambres représentatives d'Allemagne, notamment la diète germanique, où, pour le dire en passant, la Prusse et l'Autriche ensemble ne se sont attribué que huit voix sur les soixante-neuf de la confédération. Mais quand ces deux grandes puissances auraient montré moins de modération, moins de justice, cela n'affecterait point la justice du système.

Il faut bien que ce mode électoral et représentatif, dont nos publicistes n'ont pas dit un seul mot, depuis qu'il s'agit d'élections et de gouvernement représentatif parmi nous, ait de quoi contenter les bons esprits. Rousseau en fait la base du gouvernement de Pologne. Dans son zèle républicain pour les catégories représentatives, il demande que l'on crée, pour lui plaire, deux nouveaux ordres, celui des bourgeois, et toujours celui des paysans, auquel nos démocrates n'ont pas plus songé que nos aristocrates, tant ils ont bien profité des leçons du citoyen de Genève ! Napoléon, devenu législateur, ne manqua pas de partager les Italiens en trois tribus. On sait, ou on ne sait pas qu'il octroya neuf voix à celle des *possidenti*, six voix à celle des *dotti*, six voix à celle des *marchianti*, sur la représentation totale du royaume de Lombardie.

Pour la France, il soumit les élections à la révision d'un sénat. C'était le corps électoral par excellence, chargé de réduire à des proportions équitables, les députations des divers partis, qu'avaient nommées les deux colléges électoraux inférieurs. Napoléon, par là, arrivait donc au même résultat que par les élections d'Italie.

Il intervenait un peu, comme chef de l'état, dans le choix des députés. Mais enfin il ne le forçait pas, et il garantissait la France des fluctuations, des inégalités, des iniquités représentatives, suite nécessaire des élections confuses, abandonnées à elles-mêmes.

C'est leur vice général (il a échappé à Montesquieu) de tourmenter les nations homogènes, et d'exciter la guerre civile chez les nations divisées originairement en deux castes ennemies. A cet égard, Napoléon connaissait la France. Il est bien malheureux qu'en 1814, quand les deux partis recommençaient la lutte de 89, M. de Talleyrand, qui le pouvait, n'ait pas repoussé les élections britanniques pour nous faire octroyer les élections consulaires, ou encore mieux, les élections italiennes. C'était le moyen sûr d'équilibrer dans l'ordre politique, et de concilier les deux masses belligérantes.

Aujourd'hui ce n'est pas seulement l'émigration et la révolution qu'il faut accorder dans le gouvernement représentatif, ce sont principalement les partis de la révolution, tels qu'ils se sont prononcés depuis les événemens de 1830 : celui du *juste milieu*, celui du *compte rendu*, celui *de la république*, avec ses différentes sectes, non compris les Saints-Simoniens ; car la division qui existait de temps immémorial entre les Francs et les Gaulois a divisé les Gaulois eux-mêmes, par l'esprit de faction qu'elle y a engendré. On ne le détruira, ou on ne le gouvernera chez les deux peuples qu'en le satifaisant ; on ne le satisfera que par un système d'élection et de représentation où toutes les sectes se retrouvent pour y jouir de toute l'influence qu'elles ont le droit de réclamer, d'après leur état social, source de tous les droits politiques.

Hors de la *justice politique*, point de salut, point de paix constitutionnelle : et point de justice politique hors de la séparation des tribus, appliquée à la représentation nationale. La raison le dit, et l'autorité le confirme : celle de l'Europe continentale ; celle d'un ancien roi et d'un philosophe moderne, tous deux amis du peuple, ainsi que du gouvernement populaire ; celle du législateur de l'Italie et de la France : il répudia les élections confuses, importées d'Angleterre, ou les corrigea entièrement. Enfin ce qui fortifie la démonstration, c'est la triste expérience de ces mêmes élections, telles que nous les avons subies avant et après lui, et dont il n'est sorti que troubles et révolutions. Car la principale cause en était là.

Une expérience toute contraire, un hommage rendu au génie politique de Napoléon, supérieur encore à son génie militaire, doit faire notre salut, si nous avons le courage de nous y résoudre. Pour apprécier toute la portée du système par rapport à la pacification des partis, il y a encore deux réflexions à faire, l'une concernant les lois, l'autre concernant les mœurs.

1° La chambre élective, par ses quatre tribus, forme la cité politique, destinée à représenter, à assurer, à tranquilliser par conséquent la cité municipale, et les cités de canton, d'arrondissement, de département. C'est la sécurité et la paix constitutionnelles qui se répandent des montagnes sur les collines et dans les vallées. Ensuite, si pour compléter l'institution, on introduit les quatre tribus dans ces cités inférieures, et pourquoi pas aussi dans les administrations ? on y augmentera la confiance et la concorde, par une seconde garantie représentative, ajoutée à celle qui descend de la chambre élective. L'union civique s'établira de deux manières dans les conseils publics inférieurs, dans les pouvoirs subordonnés, depuis la capitale jusqu'au moindre village.

2° La chambre élective, par ses quatre tribus, appelées à participer dans son sein, à l'exercice de la souveraineté, élève la nation et le caractère national beaucoup plus qu'elle ne le ferait par une ou deux tribus seulement. Ensuite, depuis que les tribus, quoique se disputant la majorité parlementaire, ne peuvent ni ne veulent arriver au despotisme politique (ce qu'elles ne pourraient faire qu'en renversant la constitution), elles se combattent avec de meilleurs sentimens. Ces

dispositions louables, modération, loyauté, gé-
nérosité, passent de la chambre aux conseils publics inférieurs, aux administrations, à la presse
périodique, à ses lecteurs. Tout cela, qu'est-ce
autre chose, que la nation s'honorant par ses
vertus publiques?

Les tribus, pour s'élever dans le pouvoir, car
elles sont toujours rivales, sans être ennemies,
cherchent à s'élever dans l'opinion, à se rendre
aussi estimables qu'elles veulent être estimées. Ce
n'est pas tout. Les qualités éminentes, dont chá-
cune d'elles rehausse son propre caractère, deviennent communes à toutes, par l'émulation qui
les enflamme, par la puissance électrique de leurs
relations continuelles dans la chambre et hors
de la chambre, chez une nation aussi impres-
sionnable que la notre. Ainsi se maintient et se
perfectionne le caractère français, marqué de
quelques taches sans doute, mais d'ailleurs si
noble et si généreux quand il n'est point gâté
par les institutions.

Mais il s'abaisse et se détériore sous la représentation despotique d'une seule tribu : nous le
savons trop.

Or, puisque la vertu est la meilleure médiatrice
entre les particuliers, elle le deviendra donc
aussi entre les quatre tribus, se partageant la représentation nationale. Plus alors les mœurs, en

France, acquerront d'élévation et d'honnêteté, plus elles serreront les liens de la concorde entre les quatre familles politiques.

De ces deux réflexions concluons que le nouveau système représentatif, fondé sur le nouveau système électoral, fait concourir les lois et les mœurs à la pacification des partis. Ce sont les convenances de la loi, par rapport au pays. Disons un mot, en finissant, de ses convenances par rapport au gouvernement, et comment il opère la conciliation des puissances constitutionnelles.

La nation porte le gouvernement composé de plusieurs pouvoirs, comme la mer porte le vaisseau, formé de toutes les pièces que le bras de l'homme a liées ensemble. De même que les vagues agitées disloqueraient, détruiraient le bâtiment, si la tourmente durait toujours, de même les discordes civiles relâcheraient et finiraient par dissoudre l'institution politique, si la chambre élective, par l'analogie de ses élémens avec ceux de la nation, n'était propre à calmer les agitations du pays. C'est ainsi que la chambre nouvelle contribue indirectement à l'équilibre des pouvoirs.

Mais étant elle-même l'un de ces pouvoirs, elle y contribue encore directement. Notre chambre élective est l'expression multiple des quatre tribus nationales, dont la royauté est l'expression une et simple. Les deux autorités, malgré ce qui les distingue, peuvent dire au même sens : *La France, c'est moi!* Langage qui manquerait de vérité de la part d'une chambre démocratique, ou aristocratique, ou du juste milieu, puisqu'elle ne serait l'expression que d'une seule tribu. Le roi et les députés, en vertu de cette haute ressemblance, ayant mêmes droits, moralement parlant, mêmes devoirs, ont aussi même affection mutuelle : *Similis simili gaudet.* Même affection encore pour la nation qu'ils représentent, quoique d'une manière différente.

Deux pouvoirs ainsi coordonnés peuvent marcher de concert dans la voie du bien public. Ceci nous découvre une première vérité ; savoir : que notre chambre élective, par sa composition multiple, suffirait, à la rigueur, pour équilibrer le duumvirat dont elle fait partie ; le duumvirat, tel que nous venons de l'esquisser, tel que Rousseau le voulait pour la Pologne, même avec un roi électif ; tel que nos constituans l'auraient établi, à plus forte raison, avec un roi héréditaire, s'ils n'avaient pas eu plus de manie que de véritable vue politique, comme disait M. Pitt du parlement d'Irlande.

Entre la royauté de 1830 et la chambre élective, formée par tribus, une chambre des pairs ne serait pas d'une nécessité absolue pour les temps tranquilles. Il est vrai, mais elle peut devenir nécessaire dans des temps de crise. Et en tout temps, ses lumières, sa dignité, sa considération, sa sagesse, son immutabilité la rendront éminemment utile, ne fût-ce que pour donner à la loi une double sanction législative : ce qui suffirait pour établir la noble chambre, en France, si elle n'existait pas.

Seulement, elle aura besoin d'une moindre action, pour concilier deux pouvoirs qui ne tendent pas à rompre ensemble; loin de là. Ceci nous découvre une seconde vérité, savoir, que la chambre des pairs, même non héréditaire, devient assez forte dans l'exercice de sa médiation, aussitôt que la chambre élective s'assimile à la royauté par sa structure intime, aussitôt qu'elle tire du nombre et de la nature de ses élémens un caractère plus royal, par cela seul, qu'il est plus national. Avoir affaibli la chambre des pairs, en lui ôtant son hérédité, n'est plus un danger, ni même un inconvénient, si l'on diminue en proportion, la résistance que les pairs auraient eue à vaincre vis-à-vis d'une chambre élective différente. La suppression de l'hérédité peut s'appeler alors une faute heureuse.

Dans notre ordre constitutionnel, la chambre des pairs est le régulateur, le balancier politique. Mais elle ne peut s'employer utilement, et maintenir l'équilibre des pouvoirs dans le triumvirat, que si la machine est bien organisée d'ailleurs.

Plusieurs personnes, d'opinions différentes, ont approuvé ce mode électoral et représentatif, comme un moyen de pacification très-praticable, parce que, sans changer ni la lettre ni l'esprit de la Charte, il substitue les députations des partis à leurs bandes armées, il ramène tous les Français à des guerres pacifiques, avouées par la constitution. Parmi les personnes honorables dont je parle il y en a deux placées très-haut dans l'état. J'invite ces deux illustres citoyens à mettre à l'ordre du jour, à appuyer de leur éloquence et de leur influence, un projet qu'ils ont fait leur en l'approuvant. Ils auront, sans coup férir, vaincu la république et la Vendée. Quel plus beau triomphe !

FIN.